Edition Akzente
Herausgegeben von
Michael Krüger

Hans Bender

Auf meine Art

Gedichte in vier Zeilen

Carl Hanser Verlag

1 2 3 4 5   15 14 13 12 11

ISBN 978-3-446-23869-5
Alle Rechte vorbehalten
© 2012 Carl Hanser Verlag München
Umschlag: Peter-Andreas Hassiepen, München,
nach einem Reihenentwurf von Klaus Detjen
Satz: Memminger MedienCentrum AG, Memmingen
Druck und Bindung: Friedrich Pustet, Regensburg
Printed in Germany

Auf meine Art

Das Gedicht verträgt kein Dogma. Es ist offen für jeden, der es auf seine Art kann.

Rainer Malkowski

Epitaph des Duns Scotus
in der Minoritenkirche in Köln

Schottland hat mich geboren
England hat mich aufgenommen
Frankreich hat mich gelehrt
Köln besitzt mich

Heinrich Böll zu Ehren

Hoch auf den Rathausturm
hat man seine Statue gestellt.
Mir wäre er lieber unten
als Streiter in seiner Stadt.

Taubenbrunnen vor dem Kölner Dom

Einen schönen Brunnen
hat Mataré ihnen gestaltet.
Ich sehe sie trinken
nebenan aus den Pfützen.

Vorbild William Carlos Williams

Er liebte Blumen, wie ich.

Kannte alle mit Namen.

Steinbrech war ihm die liebste:

»– die bricht den Fels.«

Dennoch Rosen

Frau Ilse Benn bat ihren Mann:
»Laß endlich die Rosen fort!«
Ihm blieben Rosen in Gedichten
bis zuletzt ein schönes Wort.

Im Sommer sterben

Dem furchtsamen Gottfried Benn
wurde, was er wünschte, erfüllt:
An einem Julitag: »alles hell –
und die Erde für Spaten leicht.«

Canettis Tod

Seine Tochter Johanna sagte,
wie der Tod ihn traf.
Ohne Kampf.
Im Schlaf.

Wie Hermann Hesse

Käme wieder eine Diktatur,
ich wählte ein anderes Ziel.
Ich ginge wie Hermann Hesse
in die Schweiz ins Exil.

Bert Brecht in Buckow

Dort war er gern allein.
Der See, der Garten erfreuten ihn.
Er schrieb die letzten, schönen
Gedichte, die »Buckower Elegien«.

Die letzten Gedichte
von Michael Hamburger

Zum »Buch des Monats« haben
Juroren in Darmstadt sie gekürt.
Ich wünsche ihnen eine viel,
viel längere Dauer.

Theo Breuer gewidmet

Suhrkamp-Archiv in Marbach

So gingen Autoren und Verleger
miteinander um in jenen Jahren.
Was Max Frisch gestrichen hat,
werden nun alle Leser erfahren.

Aufräumen

Hier, noch Briefe, Manuskripte,
meist Fragmente. Photographien –
doch wer kann, wenn ich gegangen
bin, die Personen benennen?

Biographische Notiz

»Er lebt seit 2002
als freier Schriftsteller.«
Klingt gut, aber
ist es auch wahr?

Lethargisch

Es kümmert mich kaum was geschieht
in unserer oder einer anderen Stadt.
Ob Stuttgart in Zukunft einen ober-
oder unterirdischen Bahnhof hat.

Interview

Welche Antwort geben?
Bin ich belohnt
oder bestraft,
so lang zu leben?

Verwunderung

Irgendetwas will in dir
wie in deiner Jugend keimen.
Deine Wörter, deine Zeilen
wie von selbst sich reimen.

Widerspruch

»Sie sind vergessen –«
Nicht wahr.
Ich erinnere mich.
Ich erzähle.

Lob der Freunde

Gern hörst du,
wenn deine Freunde dich loben.
Wahrscheinlich hast du darum
deinen Abgang verschoben.

Michael Augustin gewidmet

Im Inselhotel

Bescheidener werden die Wünsche:
von der Terrasse aufs Meer zu sehen.
Danach in kleinen Schritten die
Promenade hin und zurück zu gehen.

Vergleich

So ist Altsein,
so steil, so zäh, so klamm.
Als zöge man seinen Schlitten
nicht durch Schnee, sondern Schlamm.

Die Anzeichen

Wenn die Beine nicht mehr gehen und stehen.
Die Augen die Buchstaben verschwommen sehen.
Wenn die Schläfen schmerzen, die Ohren ertauben.
Die jungen Ärzte noch Rotwein erlauben.

Gegenseitig

Die dich umsorgen sind
manchmal schwer zu ertragen.
Es kann jedoch sein, daß
sie von dir dasselbe sagen.

Der eine Wunsch

Drei Wünsche wie im Märchen –
ich will mit einem mich zufrieden geben:
Die Tage, die mir bleiben,
bei klarem Verstand zu Ende leben.

Altersphotographie

Das bin nicht ich.
Einer, der dich
nicht mag, hat
das Negativ vertauscht.

Verfilmt

Was ihr jetzt erlebt, jetzt
erleidet: Alles halb so schlimm.
In etwa zwanzig Jahren machen
junge Leute daraus einen Film.

Durchschaut

Freunde, die gut ihn kennen,
haben den Bräutigam durchschaut.
Viel lieber als mit der Braut
wär' er mit dem Schwager getraut.

Freund in der Schweiz

Ihm geht's besser als mir.
Nie hörte man, er sei krank.
Er hat eine tüchtige Frau
und ein Gewehr im Schrank.

Die Sintflut kommt

Die Meere steigen.
Die Eisberge tauen.
Höchste Zeit, wie Noah
die Arche zu bauen.

Johannes, der Täufer und Eremit

Sein Ideal, von Heuschrecken und
wildem Honig in der Wüste leben.

Die neuen Bio-Läden in der Stadt
könnten ihn zum Patron erheben.

Vorschlag für ein Schwalbenfest

Wir sollten ihnen,
wenn sie wieder kommen,
am Sonntag Oculi
ein Fest bereiten.

Frühlingsanfang

Warum sind die Vögel im Garten
so gut gelaunt gewesen?
Haben auch sie in der Küche
das Kalenderblatt gelesen?

Der Kuckuck

Der ruft und lockt und
weitere Jahre verspricht.
Wohlweislich jedoch zeigt
der Lügner sich nicht.

Mitschuldig

Die lebenslange Pein:
An allem, was geschieht
und was geschehen ist,
mitschuldig zu sein.

Vorschlag

Unsere Welt gefällt mir
seit langem nicht mehr.
Was schlägst du vor?
Andere Menschen müssen her!

Verschont

Die Fernsehbilder zeigen: Uns
haben die Tornados verschont.
Wir wurden für etwas, das wir
nicht verdienen, belohnt.

Orte des Schreckens

Fukushima, Utøya –
immer neue Orte
des Schreckens lernen
wir zu buchstabieren.

An die Urenkel

Was kann ich alter Mann
euch zum Abschied vererben?
Laßt euch nicht mißbrauchen.
Nicht am Hindukusch sterben.

Der Stardirigent als Gast

Der weltberühmte Dirigent, den man
auch seines Alters wegen adoriert.
Der, seine Vitalität zu beweisen,
Anton Bruckners Achte zelebriert.

Quartett von Joseph Haydn

Der Cellist, der 1. und 2. Geiger
spielen virtuos in ihrer Art.
Ich sehe, der ältere Bratschist
hat einen bescheideneren Part.

Zugaben

Wir lassen die hübsche Mezzosopranistin
nach der fünften Zugabe noch nicht gehen.
Sie freut sich, verbeugt sich und läßt
ihren jungen Busen mehr ahnen als sehen.

Wozu der Zopf?

Was will der junge Dirigent
mit seinem Zopf erreichen?
Wir sollen ihn bewundern.
Ihn mit Mozart vergleichen.

Im Konzert

Ohne Halt, ohne Ruh
eilt der 3. Satz
Allegro vivace
dem Ende zu.

Vergeblicher Protest

Ich protestiere.
Keiner stimmt mit ein.
Spreche ich zu leise?
Ich will nicht schrein.

Zur gleichen Zeit

Ungern sage ich:
»Ich hatte Glück –«
Ich weiß, was andere
litten zur gleichen Zeit.

Damals, heute

Gegenüber sitzen Bekannte
aus vergangenen Jahren.
Kaum zu glauben, daß sie
damals Blumenkinder waren.

Dichtendes Ehepaar

Beide schreiben schöne Gedichte.
Wie aber sprechen sie miteinander
in der Küche? Warum hat ihr Sohn
so schlechte Noten in Deutsch?

Sein letzter Preis

Noch eine Feier, eine Laudatio.
Wahrscheinlich sein letzter Preis.
Eine Enkelin führt ihn zur Bühne.
Ein freundlich nickender Greis.

Aufgebahrt

Unter einem Seidenkissen voller Orden
liegt der Ehrenbürger aufgebahrt.
Selbst das Verdienstkreuz am Bande hat
ihn nicht vor diesem Abgang bewahrt.

Der hundertjährige Philosoph

Die ihn kennen und verehren,
sorgen sich jetzt sehr.

Man hört sie klagen: Er verläßt
sein Zimmer nicht mehr.

Gute Vorsätze

Wieder gehen und stehen.
Keine Flugängste mehr.
Marc Aurel wieder lesen.
Ein Stoiker sein wie er.

Alleinsein

Nichts hilft dir,
den bleiernen Tag zu vertreiben.
Auch dort der schöne Regenbogen
will nur für Minuten bleiben.

Aufforderung

Der junge, agile Verleger
hat seinen Kuli vergessen.
Oder will er, weiter zu
schreiben, dich ermuntern?

Orakel

»Liebt dich, liebt dich nicht –«
Auch jenes berühmte
Orakel von Delphi hat
manchmal sich geirrt.

Einladung zu Gigi Campi

Kein anderer Ausweg bleibt,
diesen Tag zu überstehn,
als mit euch am Abend
beim Italiener essen gehn.

Zu spät

Ach, wäre ich doch
gestern schon gestorben!
Heute hat ein Rezensent
mein Comeback verdorben.

Die Kunst der Wolken

Schaut, was die Wolken, ehe
die Sonne sinkt, vollbringen!
Über den Dächern der Stadt
einen schimmernden Ararat!

Ginka Tscholakowa und
Jörg Henle gewidmet

Der Kolkrabe

Immer allein sehe ich ihn,
schwarzgewandet.
Heute in Belgien, in Anderlecht
im Alten Beginenhof.

Nietzsches Krähen

Die Krähen schrein
und ziehen schwirren Flugs zur Stadt.
Es sind die gleichen Krähen,
die Nietzsche gehört und gesehen hat.

Imitationen

Sind's Dohlen, Raben oder Krähen?
Schwer zu unterscheiden ihr Ton.
Sie feilschen um Kompromisse.
Imitieren unsere Große Koalition.

Schwäne

Schwäne auf dem Stadtweiher –
wie man sie kennt.
Männer erzürnen sie. Frauen
schwimmen erregt sie entgegen.

Möwen

Zornig hören wir sie schreien:
Uns gehört der Strand!
Sie haben uns, die Okkupanten
von damals, wiedererkannt.

Elstern

Zum Karneval kommen sie angeflogen
in unsere Stadt am Rhein.
Fühlen sich da unter ihresgleichen,
unter Dieben und Jecken.

Falke und Falkner

Beneidenswertes Glück!
Der Falke kehrt
nach jedem Flug auf
des Falkners Faust zurück.

Tauben

Sie werden verfolgt und vergiftet,
in Venedig vom Markusplatz verjagt.
Auch als Symbole des Friedens sind
sie zur Zeit kaum noch gefragt.

Spatzen

Seit langem leben in Köln
keine Spatzen mehr.
Andere bemerken es nicht.
Ich vermisse sie sehr.

Pilzsammler aus der Stadt

Ganz sicher sind sie nicht:
Hat sich nicht doch vielleicht
unter ihren Funden im Korb
ein Knollenblätterpilz versteckt?

Lebenslang

Die kleinen, gelbroten Äpfel
ganz oben in den Zweigen.
Lebenslang behalten wir
ihren süßen Geschmack.

Jens H. Stupin gewidmet

Garten der Nachbarn

Großzügig sind die Nachbarn.
Füttern die Vögel und gewähren
uns von oben die Sicht auf
ihre Bäume, Beete, Blumen.

Geranien auf dem Balkon

Nebeneinander haben wir
das Junigewitter überstanden.
Schau, die Geranien blühen
und glühen schöner als vorher!

Rheinromantik

Wir müssen uns nicht fürchten
vor der blonden Nixe Loreley.
Nicht im Fischerkahne, im ICE
fahren wir an ihrem Fels vorbei.

Selbst die Campagna

Unterwegs in Italien nehmen wir wahr:
Selbst die Campagna ist nicht, wie sie war.
Vor Neapel sind Berge von Müll zu umrunden.
In der Mozzarella hat man Pestizide gefunden.

Zu Besuch im Heimatdorf

Erfreulich, die Verwandten zu sehen,
mit ihnen zu feiern, zu zechen.
Hier muß ich mich nicht erklären,
nicht übers Weltgeschehen sprechen.

Erziehung

»Aber der Hans,
der kann's!«
Aus weiter Ferne
des Vaters Stimme.

Bei den Großeltern

Mit dem, was sie
säten und ernteten, haben
sie uns Kinder bewirtet.
Unvergessen, das Hasenbrot.

Nachkommen

Sie haben eingeebnet, asphaltiert,
was meine Erinnerung behält.
Doch welcher Barbar hat hinterm Haus
am Bach die Silberpappel gefällt?

So ähnlich

Wie unterscheiden sich
die Grillen von den Zikaden?
Ich meine, sie zirpen ähnlich
in der Toskana wie in Baden.

Wie im Märchen

Ein durchschnittliches Leben –
und doch beweist dein Blick zurück,
warst du da und dort manchmal
wie im Märchen ein Hans im Glück.

Hugo Dittberner gewidmet

Katholische Biographien

Männer, die man kennt, Minister, Fabrikanten,
Autoren, Popstars, Dirigenten, Intendanten.
Alle waren, kommt heraus, in ihren Knabenjahren
Ministranten.

Unsere Erzieher

Erinnerungen an Schülerjahre –
bis heute nicht verblichen.
Auch uns erzogen Lehrer, die
dem Bischof Mixa glichen.

TSG 1899 / Hoffenheim (1)

Ein Fußballwunder hat
unser Kraichgau-Club erzielt:
Man fragt mich sogar in Köln:
»Wie hat Hoffenheim gespielt?«

TSG 1899 / Hoffenheim (2)

Die Halbzeit der Saison ist zu Ende.
Auf Platz 7 reihen wir uns ein.
Für ewig bleibt uns der Ruhm,
Herbstmeister 2008 gewesen zu sein.

Nützliche Reime

»Eichen weichen,
Buchen suchen –«
Lebenslang haben Reime
uns vor Blitzen bewahrt.

Bis zuletzt

Ich hoffe, Gott im Himmel
wird mich mehr als andere lieben.
Bin ich doch bis zuletzt
römisch-katholisch geblieben.

Dädalus weint

Federn der Flügel
schwimmen im Meer.
Seine Erfindung.
Seine Schuld.

Gethsemane

Jenes Geschehen rührt mich:
die Nacht im Garten Gethsemane.
Die Jünger schlafen unbekümmert
um ihres Herren Ach und Weh.

Lazarus

Wie Lazarus nach der Erweckung lebte –
Johannes sagt darüber kein Wort.
Mußte er zum zweiten Mal sterben, oder
lebt er unerkannt unter uns fort?

Freunde

Freunde bleiben,
dir zu helfen,
den vorletzten Sturz
zu überstehen.

H. und H. gewidmet

Ungewiß

Ich bin bereit,
doch wer bestimmt die Frist?
Ich werde stolpern,
wo keine Schwelle ist.

Ein Dichter zu Besuch

Bleib noch
eine Weile.
Hilf mir finden
die letzte Zeile.

post mortem

Mir die Ewige Ruhe zu vertreiben,
könnte ein Spalt nach oben bleiben.
Zu sehen, wie Leben sich fortbewegt.
Wer stehen bleibt. Blumen niederlegt.

Nachweise

»Das Gedicht verträgt kein Dogma.« Von Rainer Malkowski. Aus: »Dreizehn Arten das Gedicht zu betrachten.« In: Rainer Malkowski: Am Schreibtisch. Mainzer Bibliographien 1. Erschienen im Verlag Ulrich Keicher, Warmbronn 2004.

Duns Scotus, der Theologe und Philosoph (1265/66–1308), hat sein Epitaph in der Minoritenkirche in Köln als Vierzeiler formuliert.

Heinrich Böll zu Ehren, Taubenbrunnen vor dem Kölner Dom, Der Kolkrabe. Korrigierte Fassungen aus: Hans Bender: »Nachmittag. Ende September.« Edition fundamental 2000. Gestaltung und Herstellung Richard Müller. Im Verlag der Buchhandlung Klaus Bittner, Köln.

Inhalt

Hans Bender im Carl Hanser Verlag

Wie es kommen wird
Meine Vierzeiler
2009

Fast immer endet ein Gedankengang in einer überraschenden und doch nicht knalligen Pointe. Benders Humor ist von der feineren Art.

Walter Hinck, FAZ

Hans Benders neue Gedichte sind wunderbar, federleicht, musikalisch, von Lebensweisheit geprägt – sie machen lächeln.

Hajo Steinert, FOCUS

In seinen Vierzeilern konzentriert sich Hans Bender ohne jede stilistische Ornamentik auf die Essenzen unserer Existenz. Diese Miniaturen sind in einer Beiläufigkeit geschrieben, die den inhärenten Humor fast übersehen läßt.

Michael Braun, Der Tagesspiegel

Edition Akzente

Wilhelm Genazino: Lieber Gott, mach mich blind/Der Hausschrat. *Zwei Theaterstücke*

René Girard: Die verkannte Stimme des Realen. *Eine Theorie archaischer und moderner Mythen*

Boris Groys: Die Erfindung Rußlands

Boris Groys/Ilja Kabakow: Die Kunst des Fliehens. *Dialoge über Angst, das heilige Weiß und den sowjetischen Müll*

Boris Groys: Einführung in die Anti-Philosophie

Boris Groys: Gesamtkunstwerk Stalin

Boris Groys: Logik der Sammlung. *Das Ende des musealen Zeitalters*

Boris Groys: Topologie der Kunst

Boris Groys: Über das Neue. *Versuch einer Kulturökonomie. Essays*

Undine Gruenter: Das Versteck des Minotaurus. *Roman*

Hans Ulrich Gumbrecht: Vom Leben und Sterben der großen Romanisten. *Carl Vossler, Ernst Robert Curtius, Leo Spitzer, Erich Auerbach, Werner Krauss*

Lars Gustafsson: Die Bilder an den Mauern der Sonnenstadt. *Essays über Gut und Böse*

Madeleine Gustafsson: Die Lawine hinauf. *Gedichte*

Michael Hamburger: Das Überleben der Lyrik. *Berichte und Zeugnisse*

Peter Hamm: Aus der Gegengeschichte. *Lobreden und Liebeserklärungen*

Peter Hamm: Die Kunst des Unmöglichen *oder* Jedes Ding hat (mindestens) drei Seiten. *Aufsätze zur Literatur*

Joseph Hanimann: Vom Schweren. *Ein geheimes Thema der Moderne*

Ludwig Harig: Das Rauschen des sechsten Sinnes. *Reden zur Rettung des Lebens und der Literatur*

Robert Harrison: Im römischen Regen

Seamus Heaney: Die Herrschaft der Sprache. *Essays und Vorlesungen*

Seamus Heaney: Elektrisches Licht/Electric Light. *Gedichte/Poems*

Seamus Heaney: Norden. *Gedichte. Englisch-Deutsch*

Seamus Heaney: Verteidigung der Poesie. *Oxforder Vorlesungen*

Seamus Heaney: Die Wasserwaage. *Gedichte. Englisch-Deutsch*

Gerd Henniger: Spuren ins Offene. *Essays über Literatur*

Dieter Henrich: Versuch über Kunst und Leben. *Subjektivität – Weltverstehen – Kunst*

Jochen Hörisch: Die ungeliebte Universität. *Rettet die Alma Mater!*

Jochen Hörisch: Bedeutsamkeit. *Über den Zusammenhang von Zeit, Sinn und Medien*

Gert Hofmann: Zur Phänomenologie des Snobs. *Erzählungen*

Werner Hofmann: Tag- und Nachtträumer. *Über die Kunst, die wir noch nicht haben*

Barbara Honigmann: Das Gesicht wiederfinden. *Aufsätze und Essays*

Felix Philipp Ingold: Der Autor am Werk. *Versuche über literarische Kreativität*

Felix Philipp Ingold: Echtzeit. *Gedichte*

Felix Philipp Ingold: Freie Hand. *Ein Vademecum durch kritische, poetische und private Wälder*

Felix Philipp Ingold: Haupts Werk. *Das Leben*

Felix Philipp Ingold: Mit andern Worten

Intellektuellendämmerung? *Beiträge zur neuesten Zeit des Geistes. Herausgegeben von Martin Meyer*

Edmond Jabès: Das kleine unverdächtige Buch der Subversion

Philippe Jaccottet: Antworten am Wegrand

Philippe Jaccottet: Fliegende Saat. *Aufzeichnungen 1954–1979*

Philippe Jaccottet: Notizen aus der Tiefe

Robinson Jeffers: Die Zeit, die da kommt. *Gedichte/Poems*

Reinhard Jirgl: Land und Beute. *Aufsätze aus den Jahren 1996–2006*

Ilja Kabakow/Boris Groys: Die Kunst der Installation

Dietmar Kamper: Hieroglyphen der Zeit. *Texte vom Fremdwerden der Welt*

Konstantin Kavafis: Die Lüge ist nur gealterte Wahrheit. *Notate, Prosa und Gedichte aus dem Nachlaß*

Konstantin Kavafis: Die vier Wände meines Zimmers. *Verworfene und unveröffentlichte Gedichte*

Vladimir Kazakov: Unterbrechen Sie mich nicht, ich schweige! *Sämtliche Dramen*

Friedhelm Kemp: »...das Ohr, das spricht«. *Spaziergänge eines Lesers und Übersetzers*

Kinoerzählungen. *Herausgegeben von Verena Lueken*

Danilo Kiš: Der Heimatlose. *Erzählungen*

Danilo Kiš: Homo poeticus. *Gespräche und Essays*

Danilo Kiš: Die mechanischen Löwen. *Stücke*

Kritischer Materialismus. *Zur Diskussion eines Materialismus der Praxis. Herausgegeben von Matthias Lutz-Bachmann und Gunzelin Schmid Noerr*

Michael Krüger: Akzente. *Ein Reader aus fünfzig Jahren*

Milan Kundera: Jacques und sein Herr

Günter Kunert: So und nicht anders. *Ausgewählte und neue Gedichte*

Günter Kunert: Vor der Sintflut. *Das Gedicht als Arche Noah. Frankfurter Vorlesungen*

Wolf Lepenies: Autoren und Wissenschaftler im 18. Jahrhundert. *Buffon, Winckelmann, Linné, Georg Forster, Erasmus Darwin*

Paul Virilio: Der negative Horizont. *Bewegung – Geschwindigkeit – Beschleunigung*

Paul Virilio: Die Eroberung des Körpers. *Vom Übermenschen zum überreizten Menschen*

Paul Virilio: Ereignislandschaft

Paul Virilio: Fluchtgeschwindigkeit. *Essay*

Paul Virilio: Information und Apokalypse. Die Strategie der Täuschung

Derek Walcott: Das Königreich des Sternapfels. *Gedichte*

Derek Walcott: Mittsommer/Midsummer

David Wellbery: Seiltänzer des Paradoxalen. *Aufsätze zur ästhetischen Wissenschaft*

Albrecht Wellmer: Versuch über Musik und Sprache

Ernst Wendt: Wie es euch gefällt, geht nicht mehr. *Meine Lehrstücke und Endspiele*

Otto Karl Werckmeister: Linke Ikonen

Wolf Wondratschek: Die große Beleidigung. *Vier Erzählungen*

Wolf Wondratschek: Orpheus in der Sonne. *Gedichte*

Marguerite Yourcenar: Mishima oder die Vision der Leere

Adam Zagajewski: Verteidigung der Leidenschaft. *Essays*

Marina Zwetajewa: Gruß vom Meer. *Gedichte*